锻炼脑力思维游戏

推理方阵

编著：王维浩

吉林科学技术出版社

前　言

　　玩，是少年儿童的天性。为了让少年儿童玩出乐趣，玩出新奇，玩出品位，玩出智慧，越玩越聪明，我们推出了"锻炼脑力思维游戏"系列图书。该系列图书共分八册，每册均以不同的内容为主题，编创了有趣的、异想天开的智力游戏题。游戏是伴随孩子成长的好伙伴，孩子会在游戏中开发大脑，收获知识。

　　本册《推理方阵》以锻炼孩子们的推理能力为主旨，有常识推理、数学推理、语言推理等多种方法，让孩子们在游戏的过程中，增长知识储备，又能锻炼孩子们的推理能力。而且每题都配有彩色图片，吸引孩子们的眼球，引发他们阅读的兴趣。

　　"锻炼脑力思维游戏"系列图书，图文并茂，集知识性、娱乐性和可操作性于一体。既能把课堂上学到的知识运用到游戏当中；又能使课堂上学到的知识得到相应的延展，既为孩子们开启了玩兴不尽的趣味乐园，又为孩子们送上了回味无穷的益智美餐。

问题

几颗珠子

莉莉脖子上挂有一串珠子，有白珠子和黑珠子。请你推断一下，这串珠子共有多少颗呢？其中，黑珠子又有多少颗？

问题

出门还是进门

天下着雨，一个顽皮的小男孩却站在门前。请你推断一下，这个小男孩是准备出去，还是刚刚回来呢？

答案

共有 27 颗珠子，其中黑珠子 21 颗。从下方中间的黑珠子向左数，每隔 1 颗白珠子就增加 1 颗黑珠子。右侧尾部的黑珠子是 6 颗，由此可知，脖子后面遮住的黑珠子就是 4+5=9（颗）。所以，黑珠子共有 21 颗，珠子总数为 27 颗。

看清楚了吧！

答案

刚回来。雨伞和小男孩的脚下都有积水，如果是准备出门，雨伞和脚下是不可能有积水的。

你看，雨伞还在滴水。

问题

换蛋糕

4只勺子可换两块蛋糕，1只勺子和1个杯子可以换7块蛋糕。那么请问，1个杯子可以换多少块蛋糕?

问题

多少个碗

桌上放着三叠碗，图（1）、图（2）和图（3）分别是俯视图、侧视图和正视图。那么，请你推断出这三叠碗共有多少只?

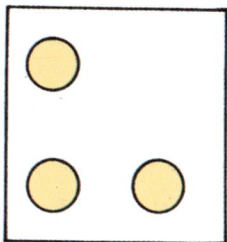

（1）

（2）

（3）

答案

1个杯子可以换6块半蛋糕。因为1个勺子可以换$\frac{1}{2}$块蛋糕。

答案

共有10只碗。从上往下看有三叠；从侧面看知道两叠各有4只，共8只；从正面看一叠4只，另一叠2只，8+2=10（只）。

问题

手绢

这儿有五块手绢，其中太阳图案比星星图案贵，月亮图案比鱼图案贵，花儿的图案比月亮图案贵，鱼的图案比太阳图案贵。那么，你能按由贵到便宜的顺序排列一下这五块手绢吗？

问题

谁比谁重

请你根据图中的情况进行分析，推断出谁最重？

花儿图案的手绢最贵。五块手绢顺序依次为花儿—月亮—鱼—太阳—星星。

这块手绢最贵。

我最重！

小猪最重。因为猪比人重，人比狗重，狗比鸭重，所以小猪最重。

问题

谁重

这儿有小猪、小鹿、小羊和熊猫，小猪比小鹿重，小鹿比小羊重，熊猫又比小猪重，那么，请你推断一下，它们谁最重？

问题

正方体

请你仔细瞧瞧，上边的平面图可以形成 A、B、C、D、E 哪个正方体？

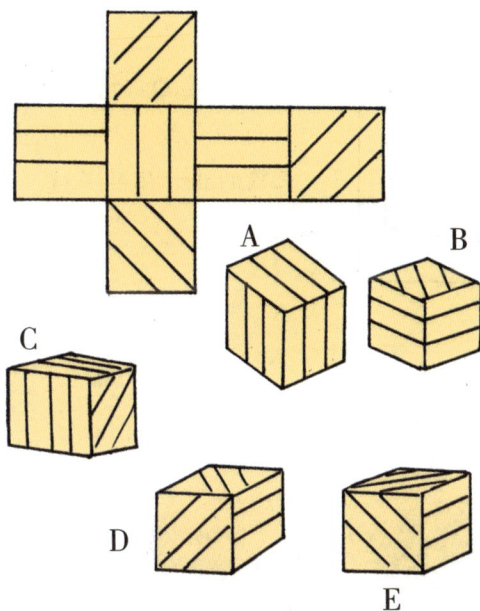

A

B

C

D

E

熊猫最重。

应是 D。请注意各个面的花纹，这是找出正确的正方体的关键。

问题

骨牌

这个桶里原有黑、白骨牌各 40 块。根据桶外骨牌摆放的情况，你现在能推算出桶里还有黑、白骨牌各多少块吗？

问题

谁是客人

佳佳到乐乐家去做客，那么从图中你能判断出谁是佳佳，谁是乐乐吗？

答案

桶里还有白牌 12 块、黑牌 26 块。根据从 1 块白牌开始，每隔 2 块黑牌增加 1 块白牌的规律，可以推断出，桶里白牌剩 40-28=12 块，黑牌剩 40-14=26 块。

答案

这样好给客人倒茶。

左边那个是佳佳，右边那个是乐乐。因为茶壶在右边，这是主人为了便于给客人倒茶，总喜欢把茶壶放在自己旁边。

问题

宝石在哪儿

这儿有金、银、铜3只宝盒，每个宝盒上都有一句话，但其中只有一句话是真的。请你由此推理出宝石藏在哪个盒子里？

金

宝石在这只盒子里

银

宝石不在金盒子里

铜

宝石不在这只盒子里

问题

立方体

1、2、3图是同一个立方体的3种不同放法，你能判断出每个立方体下面的字母吗？

C
B A
1

E
C F
2

A
B D
3

答案

宝石放在银盒子里。因为金盒子和铜盒子上的话截然相反，所以其中必有一句话是真的。假设，铜盒子上的话是假的，那么金盒子和银盒子上的话却是真的，故不成立。若铜盒子上的话是真的，金盒子上的话是假的。所以，宝石应在银盒子里。

这里面才有宝石。

答案

1、2、3下面的字母分别是D、B、F。

问题

扑克牌

这儿有三张扑克牌，请你判断一下，其中有什么不合理的地方？

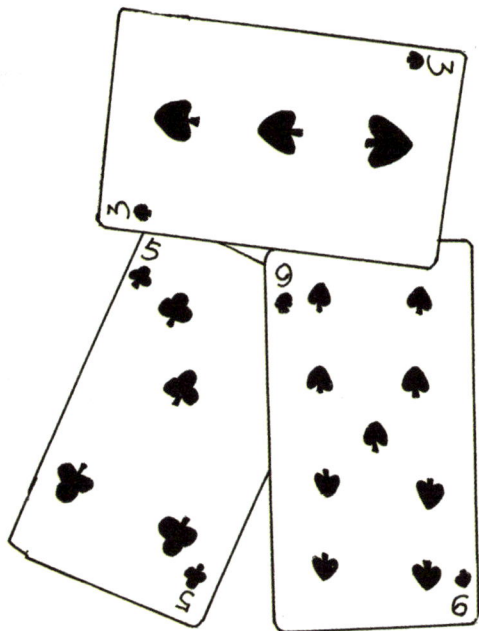

问题

碗的重量

请你推断一下，哪一只碗最重？

右下方的"9"字倒转了。

我这只碗最重!

D最重。

问题

换梨子

4个杏子可以换2个苹果，1个梨子和1个杏子可以换5个苹果。请问，1个梨子可以换多少个苹果？

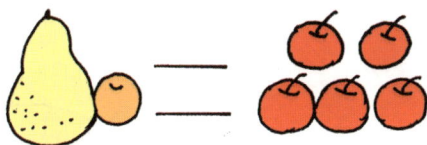

问题

换花瓶

A图中器皿的重量等于B图中器皿的重量；C图中器皿的重量等于D图中器皿的重量。请你推断一下，1个花瓶是几只杯子的重量？

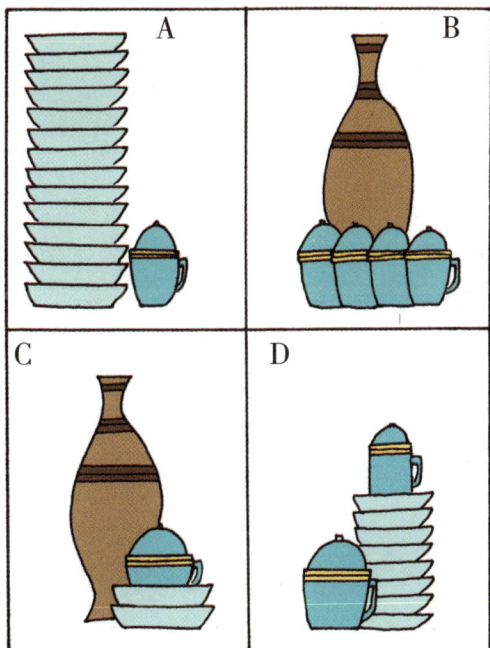

1个梨子可以换4个半苹果。

1个花瓶等于4个杯子的重量。

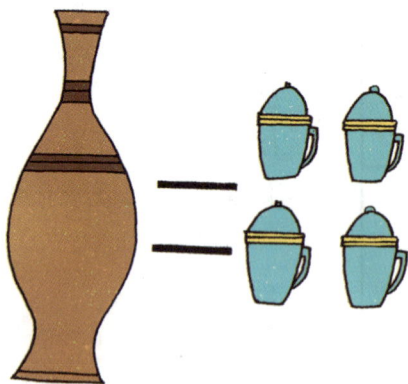

问题

等于几个圆

请你根据下面两个算式判断一下，1个三角形等于几个圆。

① ▲ + ▲ + ▲ + ▲ = ■ ■

② ▲ + ● + ● = ■

问题

等于几个三角形

请你根据图推断一下，1个菱形等于几个三角形。

① ★ = ◆ ◆

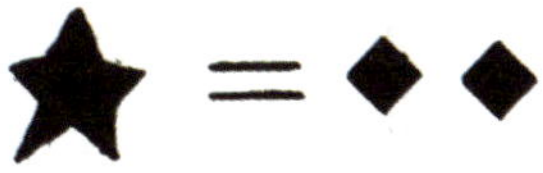

② ◆ ★ = ▲ ▲ ▲ ▲ ▲ ▲

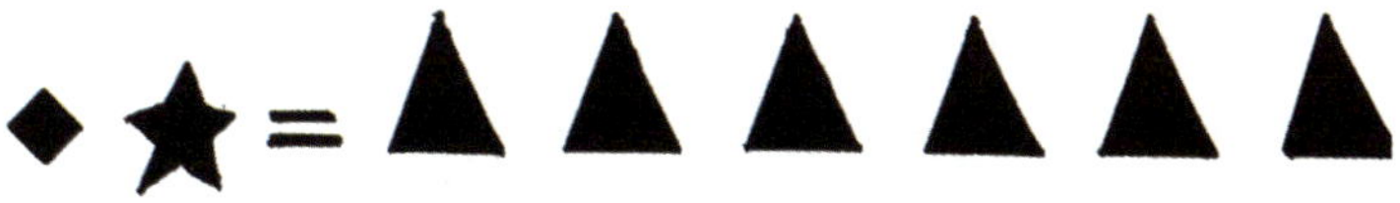

答案

根据①可知，1个正方形等于2个三角形；根据②求出答案，1个三角形等于2个圆形。

答案

已知1个五角星等于两个菱形，把②里等号左边换成了3个菱形，等于6个三角形。所以，1个菱形等于2个三角形。

问题

排大小

每个不同的象棋子表示不同的重量。你能根据右边三种情况，把它们按从大到小的顺序排出来吗？

① 车 + 兵 = 士

② 车 + 车 = 马

③ 士 + 兵 = 马

问题

不同的手

这儿共有8只手，你能判断出哪只手有所不同吗？

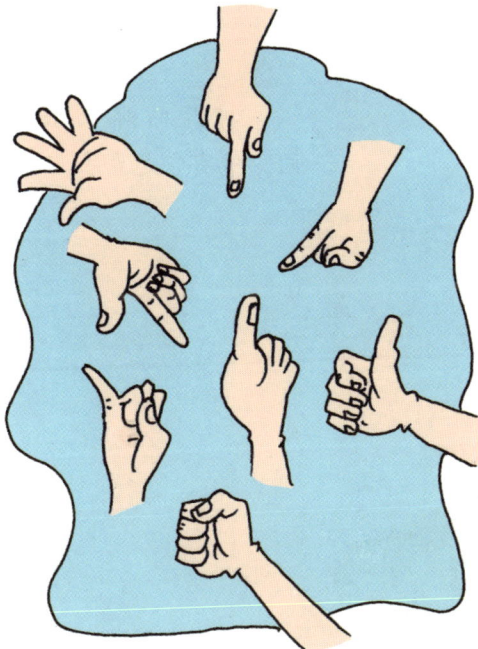

答案

　　根据②③可知，"马"最大；根据①可知，"士"第二；根据①③可知，"车"大于"兵"。即得：马＞士＞车＞兵。

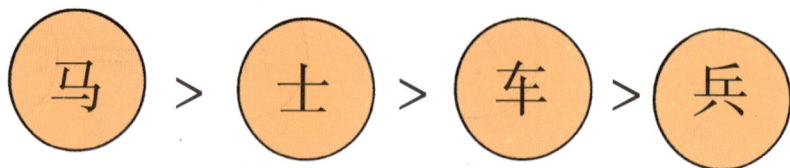

答案

　　摊开的那只手不同，唯有它是左手。

这是左手！

问题

推数字

图1、2、3是一个立方体的三种不同放法。你能推断出每一个立方体下面的数字是几吗？

问题

砌图

这儿有四个方盒1、2、3、4，请你判断一下，哪一个方盒是由上图的图案砌出来的？

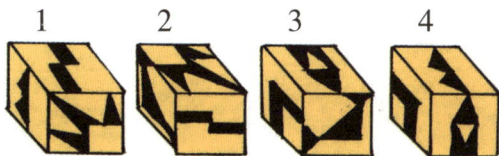

1 2 3 4

答案

图 1、2、3 下面的数字分别是 4、1、5。

答案

图 3 是由上图的图案砌出来的。如果看不明白，可以用排除法去掉其他几个。

问题

推字

这儿有3个正方体，六面上分别写有"祝你生日快乐"几个字，请你从这3个正方体上推理出"祝""乐""日"3个字的对面各是什么字？

问题

骰子点数

有4枚相同的骰子照图那样排列在一起，骰子的展开图如N所示，相邻骰子接触面上的点数之和是8，请你推断出A、B、C、D面上的点数分别是多少？

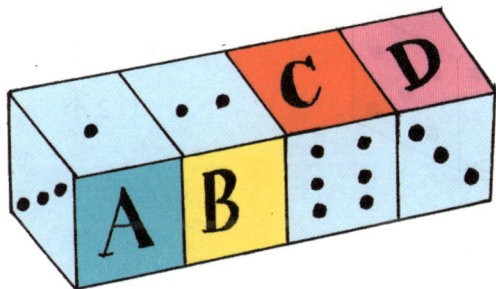

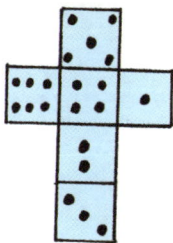

N

答案

祝——你
乐——生
日——快

祝—你—生—日—快—乐！

答案

A 5个点，B 6个点，C 4个点，D 2个点。

问题

向左向右

请你推断一下，这辆正在行驶中的公共汽车正朝哪边驶去？

问题

该进哪个门

有个逃犯躲进了这家酒店的餐厅。这三扇门上的话只有一句是真话。请问你该进哪一扇门，才能抓住逃犯呢？

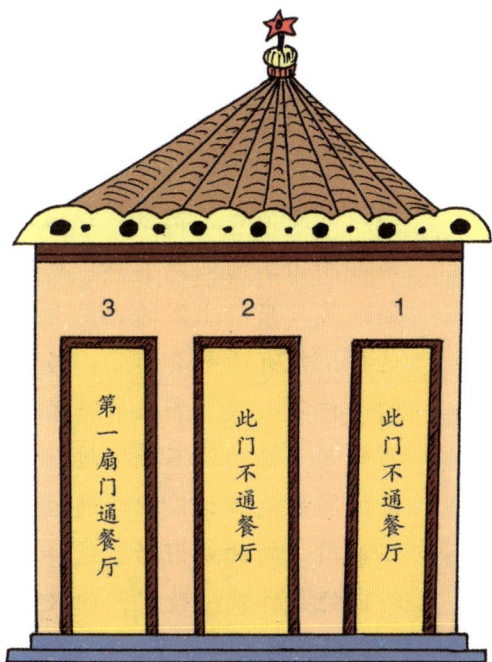

3 第一扇门通餐厅

2 此门不通餐厅

1 此门不通餐厅

答案

公共汽车是朝左边驶去的，因为公共汽车只有一面有车门，而这辆公共汽车的车门是背向我们的，所以车是向左驶去。

> 我这种车两边都可以上下！

答案

> 该进这扇门。

第一扇门上写的是真话，该进第二扇门。因为，如果第一扇门写的是假话，就应该能通过；第二扇门上写的是真话，就不能通；第三扇门上写的也是真话。这样，就有两个真话了，与给出的条件不一致。如果第一扇门上写的是真话，就不能通过；第二扇门写的是假话，就能通过；第三扇门上写的是假话，这样，与给出的条件就一致了，即只有第一扇门上写的是真话。

问题

三对夫妇

这儿有三对夫妇，你能推断出他们是怎样配对的吗？

问题

决议

从图看，乔治的衬衫与彼德一样；彼德与乔治之间是玛丽与路易斯；玛丽在彼德的右边，路易斯在乔治的左边，伊丽莎白在彼德的左边；杰克坐在地上，他的右边是莲达。根据以上描述，你能分别认出这七个人来吗？（以你视觉方向定左右）

答案

图中②没拿包，①拿着女式包，说明他们是一对。③脱衣打球，⑤则抱着衣服，说明他们是一对。剩下的④与⑥自然是一对了。

①——②；

③——⑤；

④——⑥。

答案

①伊丽莎白

②彼德

③玛丽

④路易斯

⑤乔治

⑥莲达

⑦杰克

问题

家信

古时，有个人不会写字，便画了一张画，图中有8只八哥和4只斑鸠，请人将画和银子给家里人带回去。那么，根据这幅画，你知道他给家里带回去多少银子吗？

问题

袋熊的照片

小武对同学们说，昨晚他在林子里观察野生动物时，看见一只袋熊在睡觉，并给这只袋熊拍了几张照片。看了照片后，你认为小武说没说谎？

答案

这人给家里带回去一百两银子。

[8×8（八哥）]+[4×9（斑鸠）]=100

答案

瞎吹牛！

小武在撒谎。袋熊是夜行动物，它们在白天休息，夜里是不会睡觉的。这张照片是假的，所以小武在撒谎。

问题

请你根据下面算式推断一下，每个象棋子各代表什么数字？

① 车 + 车 = 土

② 土 + 土 + 土 = 炮

③ 炮 + 炮 = 车 土

问题

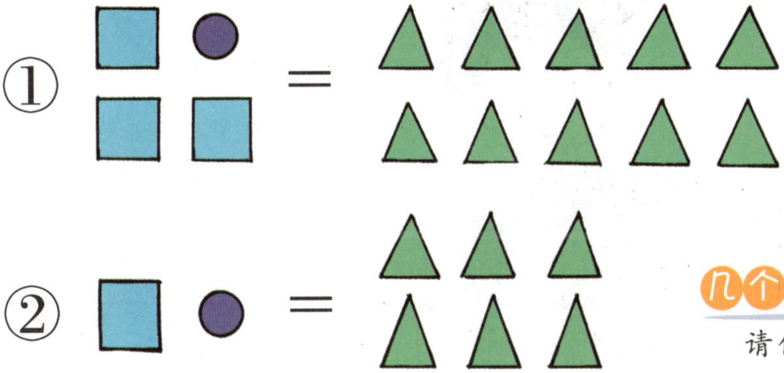

① 🟦 ⚫ 🟦 🟦 = △△△△△ △△△△△

几个正方形

② 🟦 ⚫ = △△△ △△△

请你根据左面的图形推断一下，一个圆等于几个正方形？

答案

根据③得出：车 =1；

根据①得出：士 =2；

根据②得出：炮 =6

答案

根据②等号左边比①少了两个正方形，等号右边少了四个三角形得出一个正方形等于两个三角形。那么，一个圆等于四个三角形。所以，一个圆就等于两个正方形。

问题

小偷是谁

张三、李四、王五、赵六同住一栋楼。一个是警察，一个是店主，一个是医生，一个是小偷。1. 张三的儿子骨折，张三带他去看医生；2. 医生的妹妹是王五的妻子；3. 小偷没有结婚，他养了许多鸡；4. 李四常找小偷买鸡蛋；5. 警察和王五是邻居。根据以上信息，你知道小偷是谁吗？

哇！我住5楼！

问题

有一个人在撒谎。

有三个人在撒谎。

谁是老实人

一家五兄弟各说了一句话。老大说："我们五人中，有一个人在说谎。"老二说："我们五人中，有两个人在说谎。"老三说："我们五人中有三个人在说谎。"老四说："我们五人中，有四个人在说谎。"老五说："我们五个人全都在说谎。"由这五句话，你能推断出谁说了真话吗？

答案

张三是警察，李四是医生，王五是店主，赵六是小偷。根据1、2可知张三、王五不是医生；根据1、2、3可知张三、王五不是小偷；根据4可知李四不是小偷，所以赵六必是小偷；根据5可知王五不是警察，王五必是店主，张三是警察，李四是医生。

张三

李四

王五

赵六

答案

我讲的是真话！

老四说的是真话。因为他们兄弟五人讲话的内容互相矛盾，因此只可能有一个是正确的，其余四个都说了谎。这就可推出说"我们五人中，有四个人在说谎"的人讲了真话，这个人就是老四。

问题

上菜

服务员正在给51位客人上菜，有豌豆、胡萝卜和花椰菜。要胡萝卜和碗豆的人比只要豌豆的多两位；只要豌豆的人是只要花椰菜的两倍。有25位客人不要花椰菜，有18位不要胡萝卜，13位不要豌豆，6位客人要了花椰菜和豌豆而没有要胡萝卜。请问，有多少位客人三个菜都要了，而多少位客人只要了花椰菜？

问题

谁有罪

一家百货大楼被盗，警察调查了三名主要嫌疑人——刘江、赵正和黄卓，并查明了以下事实：作案人是开汽车跑掉的；不伙同刘江，黄卓不会单独作案；赵正不会开车。作案人就是以上三人中的一个或几个，请问刘江在此案中有嫌疑吗？

答案

三种菜都要的有14人，只要花椰菜的有4人。

菜来啰！

答案

我交代。

刘江有嫌疑。推断如下：因为赵正不会开车，而作案人又是开车跑掉的，所以推断出作案人是刘江和黄卓中的一个。由于黄卓不会单独作案，所以此案中必包括刘江。

问题

干活

佳佳、丁丁、贝贝、乐乐要干四样活：担水、烧水、淘米、洗菜。已知：佳佳不担水，也不淘米；丁丁不洗菜，也不担水；如果佳佳不洗菜，那么贝贝就不担水；乐乐既不担水也不淘米。你知道他们各做什么吗？

问题

奇怪

贝贝乘火车，坐在对面的是一个他不认识的大哥，当火车穿过隧道时，大哥的脸上挂了一层黑烟灰，而贝贝立即站起来去洗脸，大哥仍然坐着没动。你能推断出这是为什么吗？

答案

佳佳洗菜，丁丁淘米，乐乐烧水，贝贝担水。从已知可得：只要贝贝担水，那么就是佳佳洗菜，接着可以推出其他人干什么了。

我挑水去了。

答案

因为贝贝看到大哥脸上挂满了黑灰，以为自己的脸也同样有灰尘，所以去洗脸，而大哥看到贝贝的脸上干净，以为自己脸也是干净的，因此没有去洗脸。

问题

猜 糖

老师对两个学生说："我这儿有三颗糖，两颗软糖，一颗硬糖。现在我分给你们每人一颗，我自己留一颗。请你们根据自己手上的糖，推断对方手里是什么糖。"这两个学生闭上眼，手里拿着糖，过了一会儿，其中一个学生喊道："我猜着了。"请问，他推断对方手里拿的是什么糖？

问题

阴天我不出门。

晴天我不出门。

下雨天我不出门。

见 面

夏日的一天，有三个朋友相约第二天见面，可是他们都有些怪脾气，你推断一下，他们三个第二天能相见吗？

答案

对方手里拿的是软糖。因为如果对方拿的是硬糖，双方会很快做出判断，只有双方手上拿的都是软糖，才无法判断对方手上是什么糖。

答案

走，到他家去！

能相见。如果第二天下雨，两个人可以在雨天不出门的朋友家会面，同样道理，不管第二天是什么天气，其他两个人都可以到那天不出门的那人家里去，问题解决了。

问题

偷吃者

佳佳的生日点心被别人吃了，于是就问了四个淘气的朋友，A说："B吃啦。"B说："D吃啦。"C说："我没吃。"D说："B说谎！"他们其中只有一个人说了真话，你能推断出是谁偷吃了点心吗？

（我没吃！）

（你在说谎！）

问题

取筷子

一个不透光的盒子里有黄、白、红3种颜色的筷子各10双，在不看的情况下任意摸，最少要拿出多少支筷子才能保证有1双颜色相同？

答案

C是偷吃者。D说了真话。假如A说真话，则D说谎，推出B说的话和A不符合。同样一个个假设过去，最终可得D说了真话。

对不起，别这么指着我。

答案

最少要拿4支筷子，才能保证有1双颜色相同。因为先拿红、黄、白筷子各1支，这时再拿任何1支颜色的筷子，都必然与其中1支颜色相同。

问题

什么职业

甲、乙、丙、丁同住一幢 18 层大楼，当中有会计、工程师、医生和演员。甲住丙上面，丁的下面；乙住医生下面；丁住的那层是演员住那层的层数的五倍。如果工程师从现在住的这层往上搬两层，正好在医生和会计住的中间；如果他往下搬到现在的 12 层数的那层住，就会住在医生和演员住的中间这一层。请你判断甲、乙、丙、丁各从事什么职业，各住哪一层楼？

问题

抓阄儿

小李向经理请假去旅游，经理开玩笑说："这样吧，我写两张纸条折起来，一个写'同意'，一个写'不行'，你只能抽一张，就看你的运气了。"小李心想，这两张纸条肯定都是写的"不行"。他略略一想，突然拿起一张纸条吞进肚里。经理马上说："你可以去旅游了！"你知道经理为什么会这样说呢？

答案

先排出从上到下四人住楼层顺序，只有丙是医生的情况下，题中所述现象才有可能，因此四人所住楼层上下顺序为丁、甲、丙、乙。从丙是医生的情况推知甲为工程师，乙是演员，丁为会计。各自楼层为：工程师住八层，演员住三层，医生住五层，会计住十五层。

答案

算你小子聪明！

两张纸条上都写着"不行"，小李吞进的纸条无法看见，而经理手里剩下的纸条上写着"不行"，根据规则，反向推理，那么吞进肚里的当然应该是"同意"了。

问题

真假牧师

有三个人被关在牢房里，其中一人是被误抓的牧师，另外两人一个是骗子，一个是赌棍。三人中，骗子不讲实话，赌棍说不说实话要根据情形对他是否有利，牧师讲实话。探长问一号牢里的人："你是谁？"那人答："我是赌棍。"问二号牢房的人："一号牢房的那人是谁？"那人答："骗子。"问三号牢房的人："一号牢房的那人是谁？"那人答："牧师。"那么，你能推断出这三人中谁是真牧师吗？

问题

坏蛋与小孩

一个坏蛋对被自己抓住的小孩说："你说一件事情，要是我做不到，就放了你。"聪明的小朋友，如果是你，你会怎么说呢？

答案

　　牧师在二号牢房，骗子在一号牢房，赌棍在三号牢房。推断过程下：1.假设牧师在一号牢房，因牧师说实话，可知不成立。2.假设牧师在二号牢房，无法判断是否成立。3.假设牧师在三号牢房，也不成立。用排除法可知牧师在二号牢房。

答案

　　小孩说："这件事情就是你会放了我。"坏蛋要是做得到，就把小孩给放了，要是做不到，按他自己说的话，还是要把小孩放了。

问题

邻座是谁

老大、老二、老三、老四、老五和老六兄弟六人，准备围在一起看书时，却表示自己和上一个及下一个兄弟之间不和，绝对不和他们挨在一起。如果这时老三的邻座不是老五，那么请你推断老二的位置。

问题

谁是谁

某市有个张老板很出名，有个无赖眼气张老板，便化装成张老板模样招摇撞骗。一天他正好被真张老板撞见，于是被送到了公安局，警长分辨不清，便问道："你们俩中有一个是张老板吗？"A回答："没有！"警长听后略一思考，便推断出了A、B各是什么人。你推断得出吗？

答案

老二的邻座是"四"和"五"。因为老三的邻座不是老五，所以，他的邻座只能是老大和老六。在一、三、六这三个人的坐位排完后，其他三人的座次便只有一种坐法了，那就是老二坐在老三的对面，他的邻座是老四和老五。其圆形坐次为一、三、六、四、二、五。

五 二 四

一 六

三

答案

他才是张老板！

A是无赖，B是张老板。若A是张老板，回答当然是"有"，若A是无赖，为了隐瞒自己的身份，也应该回答"有"。也就是说，这个问题本应该只有一个答案，而A回答"没有"，可见A是无赖，B当然是张老板了。

问题

排顺序

花花、莉莉、珍珍、敏敏、欢欢五个小姑娘均为同年同月生，而且出生日期一天紧挨着一天。敏敏出生早于莉莉的天数，同珍珍出生晚于欢欢的天数正好相同，花花比欢欢早生两天。那么，请你推断出五人的出生顺序。

问题

求职者

我后边那家伙是个说谎者！

假如你是某地一位职业介绍所负责人，该地只有绝对说谎和绝对讲真话的人。有个人来找工作，他看上去很诚实。他告诉你下一位求职者告诉过他，她是一个说谎的人。请问第一个求职者是说谎了呢，还是讲的实话？

答案

　　五个人的出生顺序为花花、敏敏，欢欢、莉莉、珍珍。敏敏出生日早于莉莉的天数，同珍珍晚于欢欢的天数相同，敏敏在莉莉前；欢欢在珍珍前。花花比欢欢早生两天，之间应该有一个人出生。这个人如果是莉莉，则五个人的出生顺序为敏敏、花花、莉莉、欢欢、珍珍，这显然不成立。所以，花花与欢欢之间应是敏敏。

答案

你在
说谎！

　　他说的是谎话。如果这位求职说下一位求职者讲真话，那么就证明他是个讲谎话的人。没有一个说谎话的人承认自己是说谎者。

问题

分颜色

三个袋子分别装着两个黄色乒乓球，两个白色乒乓球，一个黄色和一个白色乒乓球。三个袋子上都有标签标明"黄黄""白白""黄白"，但现在却弄乱了。每个袋子里装的球都与标签不一致了。请问，怎样只拿出一个乒乓球，便弄清楚各袋子里乒乓球的颜色？

黄黄　白白　黄白

问题

谁最后回来

小林、小袁、小杨、小夏同住一个宿舍。按规定，谁最后回宿舍谁就关掉灯。一晚，四人中最迟回宿舍者忘了关灯。第二天老师查问，小杨说："我回来时小林还没有睡。"小袁说："我回来时小夏已经睡了。"小林说："我进门时小袁正好上床。"小夏说："我上床就睡了，什么也不知道。"请问他们谁最后回宿舍？

答案

　　只要拿出"黄白"袋中的一个球即可。因为每个袋子中所装的球都与标签不一致，如果你拿出的是黄球，那么"黄白"袋子就只能是装了两个黄球，而"白白"袋中装的是一黄一白，"黄黄"袋中装的是两白；其他情况也能推理出。

耶！

答案

小杨最后回宿舍。

问题

六个按钮

某人在门前安了 1 排 6 个按钮，其中只有 1 个是开门的。大门上贴有 1 张告示："A 在 B 的左边，B 是 C 右边的第三个，C 在 D 的右边，D 紧靠着 E，E 和 A 中间隔 1 个按钮。请按上面没提到的按钮。"请问，这 6 个按钮中，开门的按钮处于什么位置？

问题

成绩

小敏说："我考得最好。"小颖说："我不是最差的。"小兰说："我考得没有小敏好，但不是最差的。"小红说："就我考得最差。"四人中只有一个人说错了。请你把她们的成绩由高到低排列出来。

答案

开门的按钮是从左边数第 5 个。如果用 F 表示该按钮，则 6 个按钮自左至右的位置依次是 DECAFB。

答案

我考得最好！

顺序为小颖、小敏、小兰、小红。若小敏说得正确，那么其余三人说得都正确或至少两人说得不正确，不合题意。因此，小敏说得不正确，其余说得正确。

问题

便宜鞋

"3·15"这一天，各家商店纷纷搞起打折活动。有一种鞋原价相同的情况下，甲商场九折优惠，乙商场买十双送一双。请你推断一下，哪一家商场的鞋便宜？

问题

过河

三个小朋友乘船过河，两个一年级学生和一个二年级学生并排坐在一块，他们是两个男孩和一个女孩。一个男孩坐在女孩的右边，另一个男孩又坐在这个男孩的左边，二年级学生的左边是一个一年级学生，这个一年级学生又坐在另一个一年级学生的右边，你能推断出左中右这三个学生的性别和年级吗？

答案

九折优惠的那家便宜。

我这只二折!

答案

这下知道了吧!

左边坐的是一年级女生，中间坐的是一年级男生，右边坐的是二年级男生。

问题

下 棋

甲、乙、丙、丁四个同学进行下棋比赛，每两人对局一次，结果，甲胜了丁，而且甲、乙、丙三人胜的局数相同。请你推断一下，丁胜了几局？

问题

重 量

三个胖小姐甲、乙、丙身体重量不一样，四个甲是三个乙，四个乙是三个丙，丙比甲重70公斤，你能推断出三人究竟有多重吗？

答案

丁一局也没胜。这是因为两人对局一次，一人要下3局，共6局，丁败给甲，丁不可能胜了3局，如果丁胜2局或1局，甲、乙、丙的局数不会相同，只有丁一局未胜，甲、乙、丙三人各胜2局才合理。

一局也没胜。

羞

答案

甲90公斤，乙120公斤，丙160公斤。

天呀！

问题

钢笔

甲、乙、丙、丁四个同学上学时捡到一支钢笔，交给了老师，可谁都不说是自己捡到的。甲说："是丙捡的。"丙说："甲说的与事实不符。"乙说："不是我捡的。"丁说："是甲捡的。"这四人中只有一人说了真话，你能判断出钢笔是谁捡的吗？

问题

学校和专业

张家有三个孩子，分别在甲、乙、丙三所大学上学，学的是历史、化学和生物专业。已知老大不在甲大学，老二不在乙大学，在甲大学的孩子不是学历史的，在乙大学的学化学，老二不是学生物的。那么，你能推断出老三上的是哪所大学，学的又是什么专业吗？

这钢笔是我捡的。

已知四人中只有一人说的是真话，推断如下：假如甲说的是真话，那么乙说的也是真话，与条件不符，排除了丙捡笔的可能。同理，丁说的不是真话，所以捡笔的也不是甲。假如是丁捡的，则丙和乙说的都是真话，与条件不符，可见，捡笔的一定是乙。

由甲大学的孩子不是学历史的，乙大学的学化学，可推出甲大学的孩子学生物，丙大学的学历史。因老二不在乙大学，不学生物，那么他只能在丙大学学历史；又因老大不在甲大学，那么他显然在乙大学学化学；余下的老三便是在甲大学学生物了。

问题

错误

一次，小华指责小明说谎，小明说："我今天绝对没有说谎，从我出生到现在，我只说过三次谎。"小华当即说："你说你以前只撒过三次谎，这本身就是一句谎话，可以说这是你第四次撒谎。"你能证明，无论如何，小华的这种说法都是错误的吗？

问题

考试卷

佳佳下午某整点开始考试，考试时间为100分钟，佳佳完成全部试题用了一个多小时，监考老师一看表，佳佳完成试题花的时间（分钟数）正好是开始考试时间点数的立方。请你推断一下，佳佳是几点参加考试的，又是几点完成试卷的？

答案

如果小明说的是实话，即以前只说过三次谎，当然小华的说法不对。如果小明以前没有说过谎或者只说过一次或二次，那么这次顶多是三次。小华的说法也不对。如果小明以前说过三次以上谎言，那么这次至少是第五次，总归不是四次。因此不管小明说过几次谎，小华的说法都是错的。

怎么会是我错！

答案

开始考试时间是下午四点，佳佳五点零四分完成试卷（用了64分钟）。

问题

好医生

有 A、B、C、D 四位医生准备做手术，病人问哪位医生好，他听到如下回答：①C 的手术成功率比其他三位低；②C、D 比 A、B 的手术高明；③D 的手术不是最好的；④A、B 的手术比 D 好，但比 C 差；⑤B 的手术不是最好的；⑥B、C 的手术比 A 好，也比 D 安全可靠。这六句话中有一句话是错的，请你判断一下，病人应请哪位医生最好？

问题

男子汉

我是一个男子汉。如果张华的儿子是我的儿子的父亲，我与张华是什么关系？我是：

（1）张华的祖父

（2）张华的父亲

（3）张华的儿子

（4）张华的孙子

（5）张华自己

（6）张华的叔叔。

答案

C医生最好，第一句话是错的，符合题意。

别瞧不起女的！

我是最好的医生。

这下知道了吧！

答案

应该是（3），张华的儿子。因为我儿子的父亲还是我。

问题

从事的工作

　　丽丽、莎莎、媛媛每人身兼两职，线索有：①在一次聚会上，舞蹈演员巧遇作家；②烈日高悬的正午，丽丽与莎莎陪同教师一起到大海畅游；③莎莎住的楼房同小提琴手住的楼房遥遥相望；④教师的妹妹和歌唱演员的妹妹在同一家公司就职；⑤舞蹈演员每星期六都来拜我教课；⑥作家和小提琴手经常相约去媛媛家看电视，媛媛边画画边陪她们。请你推断出她们每人从事哪两项工作？

问题

帽子颜色

　　有三顶红帽子和两顶黑帽子，让三人分别戴一顶，但各自并不知道自己头上的帽子颜色，余下的两顶也不让他们瞧见。现在让他们猜各自头上帽子的颜色，A说不知道，B看了A和C也说不知道，C听了二人回答后说："我知道我的帽色了！"请你判断一下，C的帽子究竟是什么颜色呢？

答案

丽丽是舞蹈演员和小提琴手，莎莎是作家和歌唱演员，媛媛是牧师和画家。

我是舞蹈演员。

答案

C的帽子是红色的，因为黑色的只有两顶，A和B头上所戴的都是黑帽子，所以C断言自己头上的必为红帽子。

问题

搭档

张、王、林、赵、李、朱、孙、吴是四对乒乓球男女混合双打选手。请你从下列五个条件推断：谁是女选手、谁是男选手、谁和谁是搭档。①赵的搭档是朱的表哥；②张、赵两人经常换衣服；③混合双打比赛时，林、吴、张常去为朱加油；④王比赛时，张、赵、朱也常去观看；⑤吴、赵、李住在同一宿舍，孙常去他们宿舍找搭档研究技术和战术。

问题

谁放走了猫

爸爸责问是谁放走了猫。金娜说："可能是博良，也可能是科利。"莎莎说："是博良放走了猫。"博良说："是科利。"科利说："不是我，是金娜。"列那说："这事绝对不是科利干的。"爸爸听后说："五个孩子中只有三个孩子讲的是对的。"请你判断一下，是谁放走了猫？

赵、张、吴、李是女选手，孙、王、林、朱是男选手。四对搭档为：朱——李，王——吴，孙——赵，林——张。

咱俩搭档！

天下无敌！

猫是我放走的。

是博良放走了猫。只要比较一下金娜、莎莎和列那的说法，可以判断他们讲的全是实话。由此得出结论，猫是博良放走的。

问题

什么人

假定：1. 所有的因纽特人都穿黑衣服；2. 所有的北婆罗洲土著人都穿白衣服；3. 绝没有穿白衣服的同时又穿黑衣服的人；4. A是穿白衣服的人。请问：A是北婆罗洲土著人吗？

我是什么人？

问题

三张牌

桌上有三张扑克牌排成一排，K右边的两张牌中至少有一张是A；A左边的两张中也有一张是A；方块左边的两张牌中至少有一张是红桃；红桃右边的两张中也有一张是红桃。请你推断出这三张是什么牌？

答案

当然是北婆罗洲土著人。

咱当然是北婆罗洲土著人！

答案

从左到右依次为：
红桃K、红桃A、方块A。

问题

四对夫妻

四对夫妻同在一车间，分别姓王、钱、李、周、孙、陈、吴、徐。①王结婚时周在做客；②周与钱的大衣尺寸、款式、颜色一样；③李的爱人是陈的爱人的亲表兄；④未结婚前周、李、徐曾住在一起；⑤陈氏夫妻外出时，吴、徐、周的爱人曾去码头送别。请你推断出他们之间谁同谁是夫妻。

这是我老婆。

问题

提包颜色

小白、小黄、小兰在车站相遇，她们之中提白色包的人说："真有趣，我们三人的提包，一个是白色的，一个是黄色的，一个是蓝色的，可没有一个人的提包颜色和自己的姓所表示的颜色相同。"小黄接着说："是呀！"请问，小兰的提包是什么颜色？

答案

王和徐、李和吴、陈和钱、周和孙分别为夫妻。

这是我老婆。

答案

小兰提包是白色的。

问题

两棵桃树

老妈妈种有两棵桃树，一棵在北坡，一棵在南坡。一天，老妈妈让两个儿子分别去看桃子长多大了，老大回来说："北坡桃子长得像茶杯口大。"老二回来说："南坡的桃子长得像核桃大。"20天后，老妈妈亲自去看，南坡和北坡的桃子都有茶杯口那么大，老妈妈立即明白了其中一个儿子说了谎。你能判断出是谁说了谎吗？

问题

车型号

余明、洪波、赵军各骑"125型""100型""50型"摩托车进城。三人把车停在一座大厦门口，过来一警察，说他们违反规定，写上了三人姓名。警察抄牌照时问："你们各自的车型是什么？"三人让警察猜，警察说："赵军是'125型'，余明肯定不是'50型'，洪波不会是'125型'。"实际警察只猜对了一个。请问，他们三人各自拥有什么型号的摩托车？

答案

老大说了谎。

答案

赵军是 50 型，余明是 100 型，洪波是 125 型。

问题

百米冠军

参加田径一百米决赛的有 A、B、C、D、E、F 六个人，谁会得冠军？张燕、王军、李杰谈了自己的看法，张燕认为，冠军不是 A，是 B；王军坚信，冠军绝不是 C；李杰认为 D、E、F 都不可能取得冠军。赛后发现，三人中只有一人的看法是正确的。请问，百米冠军是谁？

问题

什么人

法官面前站着三个人，其中一个是农民或小偷。法官知道农民回答是真的，小偷回答是假的，但他不知道他们之中谁是农民，谁是小偷，因此法官依次从左向右向他们提问。他悄悄地问左边的人："你是什么人？"这人回答后，法官问中间和右边的人："他刚刚回答的是什么？"中间的人说："他是农民。"右边的人则说："他是小偷。"请问：站在中间和右边的各是什么人？

答案

C 是冠军，李杰的看法是正确的。

我是冠军！

答案

中间的是农民，右边的是小偷。

农民不说谎。

问题

钥匙

小明、小华、小强三兄弟住三间互不相通的房间。每间房门上有两把钥匙。他们回家时间有先有后，但他们既没增配钥匙，又没将钥匙放在门外的某处，即每个人都可以进入各个房间。请你推断一下，他们是怎么办到的？

问题

几只袜

一天晚上，小明准备外出，当他正想从衣柜中拿出袜子时，电灯熄了。他的袜子共有两种颜色，咖啡色和白色各一双，在黑暗中摸索，如果左、右两足各穿不同颜色的袜子，那会出丑。他这时要拿出一双颜色相同的袜子到外面亮的地方去穿，应该拿几只袜子？

答案

三个人分别掌握房间甲、乙、丙的三把钥匙，再把剩下的房间甲的钥匙挂在房间乙里，把房间乙的钥匙挂在房间丙里，房间丙的钥匙挂在房间甲里。这样不论谁先到家，都能凭手中掌握的钥匙，拿到进入其他人房间的钥匙。

答案

拿出三只就行了。

只要拿出三只袜子就可以了。

问题

孙女

我是美国人，孙女们都不满17岁，都长得红头发蓝眼睛。已知法定选举年龄为18岁，那么根据以上提供的情况，你能判断出下列哪种说法正确吗？（1）我最大的孙女还不能参加选举；（2）我最大的孙女是个漂亮姑娘；（3）我最小的孙女还不能开车；（4）我最小的孙女留着红短发。

问题

拿糖

小燕要吃糖，妈妈对她说："先把眼睛闭上，我再拿出四盒糖来，每盒只有四粒糖，四盒糖中各两盒糖纸一样。你若能拿到包糖纸花样不同的糖各一盒才许吃。"小燕想了想，很快就拿到包糖纸花样不同的一盒糖。请问：小燕是怎么拿的？

答案

只有（1）是肯定正确的。

我还不能参加选举。

答案

各拿两粒就行了。

只要每盒拿两粒糖就行了。

问题

什么关系

李小姐结婚，一位朋友来访时问她："您和您先生是怎么相识的？"李小姐回答："从我娘家算来，我们原是亲戚，很远很远的远亲。他是家母弟媳的哥哥的堂兄的姐姐的表弟的儿子，你说他同我是什么关系呢？"你知道吗？

问题

选菜

有几位小朋友的食物是这样的：玛丽不吃鱼也不吃菠菜；莎丽不吃鱼也不吃豆角；史蒂夫不吃虾也不吃豆角；艾丽斯不吃牛肉也不吃西红柿；吉姆不吃鱼也不吃西红柿。如果你请这几位同学吃饭，应该选下列哪些食物：豆角、奶油鳕、莴苣、芹菜、烤牛肉、烤鸡？

答案

　　小姐的回答其实一点儿用没有。一句话，他们俩就是夫妻关系。

答案

芹菜、莴苣和烤鸡。

问题

谁是冠军

体育馆里正在进行 200 米自由泳决赛。决赛的 6 位运动员分别站在 A、B、C、D、E、F 六条水道的起跳点上。谁能夺得冠军？李丽说："冠军可能是 A 道上的 1 号，也可能是 B 道上的 2 号"。蒋伟说："冠军不可能是 C 道上的 3 号。"付敏说："D、E、F 道上的 4、5、6 号绝对不是冠军。"比赛结束了，三人中只有一人的看法符合实际。请问，谁是 200 米自由泳的冠军？

问题

头顶祥云

一天，有位相士见赵王，说他能凭面相看出一个人的贵贱。赵王不信，随即叫出几名歌女和年轻美貌的妻子穿戴一模一样，立于庭前，请相士辨认。相士灵机一动，说："头上有祥云飘动的那位是您妻子。"随后，他指着其中一位说："就是她！"相士果然说中了，那么你知道其中的奥秘吗？

答案

　　冠军是 C 道上的 3 号。通过假设各种情况来判断，可知只有"D、E、F 道上的 4、5、6 号绝对不是冠军"这句话是对的。

耶!

我说对了!

答案

　　当歌女们听了相士的话，都好奇地向赵王妻子头上仰望，独有赵王妻子不好意思抬头。

我说中了!

问题

不同的问题

丁丁来到一个小岛上，岛上生活着 A、B 两种当地族人。A 族语言中"是"读作"维瓦"，"不是"读作"吉里伊"；B 族正相反。丁丁遇到两个老人，他问道："你们身体好吗？"一个回答"维瓦"，另一个回答"吉里伊"。丁丁一连提了很多问题，这两位老人的回答都不相同。请问：当丁丁提什么问题时，两位老人会异口同声呢？

问题

谁是姐姐

大森林里住着姐妹俩，姐姐上午说真话，下午说假话；妹妹则相反。佳佳在森林里遇上她俩，问道："谁是姐姐？"高个子的说："我是。"矮个子也说："我是。"佳佳又问："现在是什么时间了？"高个子的说："快白天了。"矮个子的说："白天过去了。"请问当时是上午还是下午？哪个是姐姐？

可以有多种问法，只要是A族否定但B族肯定的问题或者A族肯定但B族否定的问题就行。例如："你是A族人吗？"A族的回答应是"维瓦"，B族的回答也是"维瓦"。

维瓦

我是姐姐！

当时是上午，高个子的是姐姐。原因如下：如果现在是下午，姐姐下午说假话，她就该回答："我不是姐姐。"没有人这样回答，因此是上午。又由于上午说真话的是姐姐，可以判断高个子的是姐姐。

问题

如何说

阿果看见阿聪在玩游戏机，羡慕不已。可阿聪说："想玩吗？如果你猜出我心里正想什么，我就给你玩。"请你告诉阿果该如何说，才能使阿聪把游戏机给阿果玩。

问题

过生日

佳佳对小华说："我长期住在北京，今年22岁。我出生在飘雪的冬季，但现在每次过生日都是在夏天。"小华怎么也弄不明白这到底是怎么回事，你能告诉他为什么吗？

答案

阿果应该说："你大概不想把游戏机给我玩吧？"如果阿果说对了，阿聪就要履行诺言，把游戏机给阿果玩；如果阿果没有说对，那就等于说阿聪想把游戏机给阿果玩，阿果仍然可得到游戏机玩。

谁告诉他的？

答案

明白了吧！

佳佳出生在南半球的澳大利亚，那里的冬天正好是北京的夏天。

问题

能喝的水

一名船员上了一座小岛，发现有一眼泉水，但不知道能不能喝。这时来了一个土人，船员知道岛上有两个民族，一个从不说谎，一个开口就说谎。土人回答问题只说岛上的土语"是"或"不是"。船员问他："今天天气好吗？"土人回答："拉谷娃。""这水能喝吗？"土人仍回答："拉谷娃。"据此你能确定水是否可以喝吗？

?

拉谷娃。

问题

星期几

乐乐来到一个陌生的城市。这个城市的男人只在星期一、二、三说谎话；女人只在星期四、五、六说谎话。乐乐搞不清楚今天是星期几了，于是他分别问男人和女人："今天星期几了？"男人和女人都没有直接回答星期几，而是各说了一句："昨天我说谎了。"那么你知道今天到底是星期几吗？

答案

水能喝。船员先问了自己知道的天气问题，再问自己不知道的水能不能喝的问题。土人在回答这两个问题时的话语一致，假如是诚实民族的，则"拉谷娃"的意思是"是"，诚实的"是"就是肯定的意思，这说明水能喝。假如他是说谎民族的，则"拉谷娃"的意思是"不是"，而说谎的"不是"正说明了肯定的意思，这也说明水能喝。

这水能喝！

答案

今天是星期四。

他们回答一样，那么证明肯定有一个人今天说谎了，而其中一个人今天说的是真话。再由说话内容是"昨天我说谎了"推出：今天说谎的人昨天肯定没说谎。同理，由今天说真话的人推出：昨天他说谎了。由昨天说谎变为今天说真话和昨天说真话今天变成说谎话这两点必定能推出：昨天星期三，今天星期四。

问题

回击

一次，小华给小明讲解一道数学难题，小明一时没弄懂，小华气得对小明嚷道："给你讲数学题，真是对牛弹琴！"小明瞪了小华一眼，跟着用这话回击小华。你知道小明是怎样回击小华的吗？

问题

罗刹国

罗刹国的居民分为四类：正常人、神志不清的人、正常的夜叉、神志不清的夜叉。对人来说正常的都说真话，神志不清的都说假话；对夜叉来说正常的都说假话，神志不清的却说真话。唐僧经过此地，他很聪明，只要问一个问题，就可确定回答者是人还是夜叉。请猜猜，唐僧是怎么问的？

答案

小明的回击是"对，牛弹琴"。

对，牛弹琴！

答案

你的神志正常吗？

唐僧问："你的神志正常吗？"这话便可区别答话者是人还是夜叉。回答肯定的都是人，而回答否定的都是夜叉。

问题

纽扣

老师对两位学生说："这儿有三颗纽扣，两白一黑，我把其中两颗放在你们背后，但你们可以看到对方的纽扣颜色。然后你们会被带到两间屋子里，谁先出来正确说出自己身后纽扣的颜色，谁就获胜。"一会儿，其中一人从屋子里出来，正确说出了自己背后纽扣的颜色。请问他是怎么知道的呢？

问题

购物

六位主妇A、B、C、D、E、F同时到商场购物，要买帽子、戒指、书、鞋、手巾和衣料。E留在一楼，F去二楼了。卖书的地方在三楼，买鞋的太太去了五楼，电梯中只剩下A。第二天，C收到昨天去二楼的那位太太的衣料作为礼物。C的丈夫也收到另一位太太的一顶帽。现在知道出售戒指的地方在一楼，D是第六个下电梯的，那这六位太太各买了什么东西呢？

答案

我知道了!

同学说:"如果他看见我背后的是黑纽扣,他一定会走出来说自己身后的是白纽扣,他现在不出来,我又看到他身后不是黑纽扣,那么我推断我身后一定是白纽扣。"

答案

我买的是书。

结果是:A夫人买的手巾,B夫人买的帽子,C夫人买的书,D夫人买的鞋子,E夫人买的戒指,F夫人买了衣料。

问题

谁摸到东西

金、陈、柯、谢四人打麻将分座位。老谢摸的是老陈的下家；老柯向老谢对家借了火点烟；老柯向自己对家说："你先发牌，快点吧。"老陈坐在老金的右边；老金的右边是老陈，左边是摸到东风的庄家。请你推断各人所摸到的座位。

问题

爱好

三个青年工人胡、刘、杨，三人的工种分别如下：①他们是车工、电工和木工；②他们分别爱好文字、绘画和音乐；③车工称赞音乐家口琴吹得好；④画家请电工装过电表；⑤音乐家和作家常请姓胡的一起看电影；⑥车工和画家的弟弟在一个车间工作；⑦姓刘的向作家请教过写作技巧；⑧三人下棋时，画家、姓刘的都输给姓杨的了。你知道胡、刘、杨三人各担任什么工种，有什么业余爱好吗？

答案

陈要对面的人先发牌，当然不是东风。谢在陈下家，也不是庄家。金也非东风，因为柯在他右边，是摸到东风的庄家，也就是陈叫他最先发牌的人。因此，摸到东风发牌的应该是柯。四人座次为：柯东风，金南风，陈西风，谢北风。

我摸到了东风。

答案

姓胡的是木工，爱好绘画；姓刘的是电工，爱好音乐；姓杨的是车工，爱好文学。

问题

决斗

A 与 B 约定在荒郊做生死决斗。现场风雨大作，雷电交加，两人不顾一切同时拔剑出鞘。A 突然发现手上是一把竹剑，知道被人偷换了，大吃一惊。就在这电光一闪之时，胜负已定。请你推断一下谁生谁死？

杀

问题

问路

佳佳要到 A 城去，当他行至丁字路口时，不知道该往右还是往左走。在丁字路口的两边各坐着一位鞋匠，一位讲真话，一位讲假话，而且他们之间彼此了解对方的底细。现在，要求佳佳只准向其中一位鞋匠探问一句，就能正确地走向 A 城，那么他该怎么问呢？

答案

死者不是被做了手脚的A。因为电光一闪，高举钢剑者成了一个良导体，就要触电；而竹剑是不导电的，所以死者是B，生者是A。

全靠这把竹剑救了我。

应该走这边。

答案

佳佳应问："师傅，我要去A城，您猜对面那位师傅会告诉我朝哪边走？"不管佳佳问哪一位鞋匠，他只要朝鞋匠所指的相反方向走，一定能到A城。

问题

取木块

啄木鸟先生的布袋里有红、绿两种形状、大小相同的木块各8块，要保证它一次摸出两种不同颜色的木块各两块，至少必须取出几块？

问题

名次

运动会进行百米、跳远、跳高比赛。第一名得5分，第二名得3分，第三名得2分，第四名得1分。比赛结果，甲班得名次的人数最少，总分却是第一；乙班没有人得第一名，总分比甲班少1分；丙班得名次的人数最多，总分比乙班少1分。你能推断三个班各得了几个什么名次吗？

答案

10块。因为有可能一次摸出 8 块都是红色的，那么第 9 块必然是绿色的，所以摸出 10 块，必定有两种颜色各两块了。

> 至少10块。

答案

> 我们得分最高！

甲班

据题意，三个班得分数是三个连续数，所以甲、乙、丙三班的得分数只能分别是 12 分、11 分和 10 分。甲班得名次人数最少，因此肯定少于 4 人，但却得了 12 分，即得第一名 2 人，第三名 1 人。乙班没有第一名，总分是 11 分，即第二名 3 人，第三名 1 人。丙班第一名 1 人，第三名 1 人，第四名 3 人。

问题

掷钱币

你刚刚将一枚钱币连续掷了 10 次，钱币落在地上时都正面朝上。如果没有摇晃钱币，你再掷，下次钱币正面朝上的可能性会怎么样？

问题

绳梯

港口停泊着一艘货船，船舷上挂着绳梯，从甲板直到下面，其一端没入海水中，有四米多露出水面。不久，潮水涨了，海面逐渐高起来了。到满潮时，海面大概较落潮时高了约一米。请问，这时绳梯应该有多少露出在海面上？

答案

钱币正面朝上的可能性仍为 $\frac{1}{2}$，因为钱币没有记忆。

答案

仍为四米多。因为船是浮在水面上的，随着潮水的涨落而上下，所以甲板至水面的距离永远不变，绳梯的长度也永远不变。

问题

姓名

一对青年男女初次会面，男问："贵姓？"女答："我姓一加一。"并反问："你呢？"男答："咱俩都一样，只是上横翘两中长。"男又问："青春几何？"女答："被四除多三，被六除多五，被八除多七。"男说："也够巧的，你乘十，我减七，刚好差你二百一。"请问，他们二人各姓什么？各多少岁？

问题

预言家

看你怎么预言。

有一预言家被一伙人绑架，准备将其杀害。其中一人对预言家说："行刑前你可预言一下将要发生的事，说对了就将你枪杀，说错了就执行绞刑。"那么，预言家怎样说，才能免于死刑呢？

答案

女姓王，23 岁；
男姓丰，27 岁。

> 我姓王。

> 我姓丰。

答案

> 咱预言
> 成功！

预言家说："用绞刑处死。"若真用绞刑，预言就没错，应该枪决。然而，要执行枪决，就说明预言是错的，那就必须用绞刑。结果，便不能用任何一种方法杀死他。

问题

最漂亮

甲、乙、丙、丁各有一孩子，要选出其中最漂亮的一个。每个大人有五票，可以随手投，但给一个孩子的票数不能超过三票。乙给三个孩子相同的票数。丙仅投自己孩子的票。丁给自己孩子投了尽可能多的票。甲给乙和丙的孩子票数一样。结果，四个孩子各得五票。而且把各人对四个孩子所投的票打开一看，没有两组数字是重复的。问：甲的孩子得的五票分别是谁投的？

问题

几圈

小华有两个1元的硬币，他将A币固定不动，将B币绕着A币转动一圈后，B币自身转动了几圈呢？

甲的孩子从丙处得三票，从甲、乙处各得一票。

丙叔叔最好！

B币转了两圈。因为A币围绕B币转动，相对来说B币也围绕A币在转动。

问题

什么人

莎丽的女儿是我儿子的母亲，如果我是一男性，那么我是莎丽的什么人？

我是莎丽什么人？

问题

三位小朋友

三位小朋友分别叫小丽、小红、小琳。一天她们三人一个扎着小辫，一个穿着花裙，一个戴着凉帽，在一起玩耍。先是小丽和花裙姑娘、凉帽姑娘手拉手跳舞，接着花裙姑娘和小红对歌。你能说出三人的穿着打扮吗？

答案

莎丽的女婿。

答案

小丽没穿花裙，没戴凉帽，小红没穿花裙。所以，扎小辫的是小丽，戴凉帽的是小红，穿花裙的是小琳。

问题

取笔

贝贝向爸爸要红、蓝水彩笔各两支。爸爸拿出4盒笔来，两盒是红的，两盒是蓝的。那么，贝贝要怎么取笔才不会出错呢？

问题

意思近似

"物以类聚"与下面哪一句意思相近？①鸣鸟总是在一起；②有羽毛的鸟和睦相处；③人们倾向于和类似自己的人待在一起；④如果很多鸟在一起，它们可能是颜色相同的鸟；⑤有羽毛的鸟不欢迎无羽毛的鸟；⑥有羽毛的鸟喜欢和无羽毛的鸟在一起。

这个题很简单，只要贝贝从每盒中取一支就行了。

你不能与我们在一起！

③这句话与"物以类聚"意思最相近。

问题

游客

有 5 对夫妇准备乘汽艇绕湖游览，其中 3 对夫妇没有孩子，另外两对各带 3 个孩子，共 6 个孩子。汽艇定员为 12 人，但最后这些人全都一起乘上了汽艇。你能说出这是为什么吗？

问题

名次

有五人参加汽车比赛，结果没有相同的名次。威尔不是第一名；约翰既不是第一名，也不是最后一名；乔在威尔后一名；詹姆斯不是第二名；沃特在詹姆斯后两名。那么他们五人获得名次的顺序是怎样的呢？

113

答案

在 A、B、C、D、E 这 5 对夫妇中，A、B、C 中的丈夫都是 D 夫妇的孩子。A、B、C 中的妻子都是 E 夫妇的孩子。所以，除了这 10 人外，并无其他人，乘坐限员 12 人的汽艇还有余。

答案

我第一！

詹姆斯为第一名，以下名次依次为约翰、沃特、威尔和乔。

问题

取袜子

有两位盲人各买了3双黑袜和白袜。这6双袜子的大小、质地都是相同的。他们不小心将这6双袜子混在一起了。请问他们怎样做，才能取到各自的3双黑袜子和白袜子呢？

问题

走下来

贝贝很调皮，一次他坐在桌子上对佳佳说："你有办法让我从上面下来吗？"佳佳想了想，对贝贝说了两句话，便让他从桌子上下来了。你知道佳佳说的是什么吗？

答案

两人只要在商标纸连着的 12 只袜子中，各取一只就可以了。

答案

佳佳说："要让你下来我办不到。但是如果你在下面，我却可以使你坐上去。"贝贝想："既然不能叫我下来，谅她也不能让我坐上去。"于是放心地下来。贝贝一下来，佳佳的目的也就达到了。

问题

正人君子

现在这里有 A、B、C、D、E 五人。其中三人没有一句实话，其余两人是绝对不说谎的正人君子。下面记录他们所说的七句话，请找出哪两个人是正人君子。

①A："B 是不说谎的。"②B："C 是说谎的。" ③C："D 是说谎的。"④D："E 是说谎的。"⑤E："B 是说谎的。"⑥A："E 是说谎的。"⑦E："A 是说谎的。"

问题

下棋

这儿有 3 个小朋友，他们共下了 3 盘棋，请问每人平均下了几盘棋？

答案

　　不说谎的正人君子是C与E。假定A是不说谎的。那么，B也是不说谎的，由此可判断C是说谎的。那么通过C的话判断D应该是不说谎的，这样不说谎的就有三个人了。所以我们假定A是说谎的，就可推断出C和E是不说谎的正人君子。

答案

　　平均每人下了两盘棋。

问题

新邻居

我家新搬来一邻居，家里有一个祖父、一个祖母、两个爸爸、两个妈妈、四个儿女、三个孙子（女）、一个哥哥、两个姐姐、两个儿子，两个女儿，公、婆、媳妇各一人。可是一数全家加起来只有七人，你知道这是怎么回事吗？

问题

真假岛

真假岛上住着两种截然不同的人，一种只讲真话，另一种只讲假话。伯克初来到岛上，想找一个只讲真话的人了解一下情况。这时迎面走来了三个人：亚瑟、伯纳德和查尔斯。他首先问亚瑟："伯纳德和查尔斯都是讲真话者吗？"亚瑟答："是的。"他接着又问亚瑟："伯纳德是讲真话者吗？"亚瑟答道："不是。"那么他们三人中谁是讲真话者，谁又是讲假话者？

答案

其实这一家人便是祖父、祖母、父亲、母亲、一个儿子和两个女儿罢了。

这下明白了吧?

答案

你讲真话。

亚瑟与查尔斯讲假话，伯纳德讲真话。讲真话者不可能既说伯纳德是讲真话又说他不讲真话。这样，亚瑟两句话都在说谎。既然他否定伯纳德是讲真话，那伯纳德一定是讲真话者。既然他说伯纳德、查尔斯都是讲真话者，那两人中至少有一人是说假话者，那一定是查尔斯。

问题

老向导

贝贝旅游到一座岛上，想找一位老向导，但贝贝并不认识他，于是问面前三人："你们谁是老向导？""我是。"第一个人回答。"我是。"第二个人回答。第三个人却缄默不语。"你呢？"贝贝问他。"真是啼笑皆非，"第三人答道，"我们三个人中最多只有一个人讲了真话。"请问，三人中谁是老向导呢？

问题

负伤人数

一辆特快火车正全速疾驶，突然发现前面车道上还有一辆载着二十个乘客的大型汽车，因机器故障抛锚在那里。紧急刹车已来不及，结果直冲过去，轰隆一声，把汽车整个压扁了。但奇怪的是没有一个受伤的人。请你判断一下这是怎么回事？

答案

第三人是老向导。如果第三人讲假话，那意味着三人中至少有两人讲真话，可第一、第二人不可能同时讲真话，因为他俩的话互相矛盾。所以第三人不可能说假话，也就是说，他的话是真的，他是唯一的讲真话者。既然其他两人是讲假话者，他们都在说谎，那么他们都不是老向导，则第三人是老向导。

> 我才是老向导。

答案

答案1：乘客事先都躲开，停在那里的是一辆空车，所以没有人受伤。答案2：乘客全部遇难了，所以没有受伤的人。以上两种答案，都是正确的。

> 这儿出事了！

问题

星期几

贝贝问乐乐今天是星期几。乐乐笑着回答道："如果以后天为昨天，那么今天，便是以昨天为明天的今天，与星期天的间隔日数，双方相同。"那么，你知道今天是星期几吗？

问题

奸商

一位商人，要从A、B、C、D、E五个商家中找出两个诚实的商家，他做了如下调查：

①A："B的话是靠得住的。"

②B："C是专门说谎的。"

③C："D是靠不住的。"

④D："E是说谎的。"

⑤E："B的话靠不住。"

⑥A："E不会说谎。"

⑦E："C不诚实。"

你能判断出哪两个是诚实的商家吗？

答案

　　星期天。因为后天是星期二，作为昨天，则今天为星期三，前天为星期五。今天便是星期四了。星期四到星期日及星期日到星期三，其间隔均为两天。

今天是星期天。

答案

　　我们假定 A 为诚实可靠的商家。那么根据①与⑥可判断出 B、E 两家也一样诚实可靠，那么诚实的商家便有三家了。因此判定 A 商家靠不住，所以由 A 的话判断 B 也是靠不住的。那么，假定 C 商家可靠，根据③判定 D 靠不住。于是不诚实的商家就是 A、B、D 三家了。所以，C 和 E 才是诚实的商家。

问题

办法

有四个逃离险境的幸存者口渴难耐，到处寻找水源。忽然，他们惊喜地发现了一棵高耸的椰子树！但是，他们之中，一个脚受重伤，一个手臂脱臼，一个年老体弱，一个患有"恐高症。"请你为他们想个办法，使他们喝到鲜美的椰子汁。你想得出来吗？

问题

谁打破了玻璃

甲、乙、丙、丁四人中，有一人打破了玻璃。乙说："是甲打破的。"甲说："是丙打破的。"丙说："不是我打破的。"丁说："我没有打碎玻璃。"他们之中只有一个人说了真话。那么，是谁打破玻璃的呢？

答案

　　用布蒙住"恐高症"人的双目，然后向上攀爬；地面的三个人用语言"指挥"其行动方向。

还有多远？

继续往上爬!

为什么不早说？

答案

是丁打破了玻璃。

问题

最轻的女孩

公园里，有九个少女。九人之中，有八人体重一样，只有一个体重较轻。现在，要你利用公园的跷跷板，用最快的方法把最轻的少女找出来，你有什么方法？

问题

生日

米米和甜甜是一对孪生兄弟，米米今日刚好过第四个生日，而甜甜则昨天才刚刚过第一个生日。你知道这是为什么吗？

答案

先把少女均分为三组，然后，由跷跷板中找出轻的一组，再将这三个人分为三组，分别在跷跷板上比较重量，可以最快找出最轻的女郎。

本小姐最轻。

答案

今天才吃到生日蛋糕。

米米在3月1日凌晨出生，而甜甜则在同年的2月29日午夜出生，所以四年才有一次生日。

问题

自杀的人

九个士兵已被敌人围住，指挥官下令，以身殉国，他自己站在R的位置，叫其他人排成一个圈，然后，由他开始，每个人轮流向左方相邻的人开枪，直至最后一个人，最后的人自杀，你认为哪一个人需要自杀？

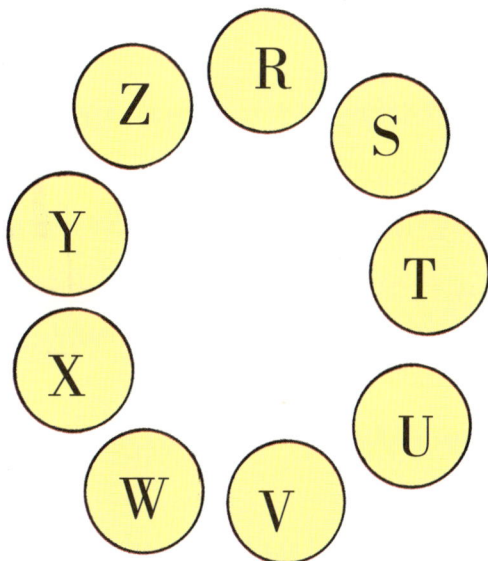

Z R S Y T X U W V

问题

谁藏的

有四个学生住同一寝室，分别是赵、钱、孙和李。赵发现《词典》被人藏起来了。问三人，都回答没有看见。小钱说小孙在说假话，小孙接着说："小李说的才是假话。"小李说："小赵，他们两人说的都是假话。"小赵想了一下说："你们别争了，现在我知道是谁藏了我的《词典》。"你知道《词典》究竟是谁藏的吗？

答案

T 自杀。程序是 R 杀 S、T 杀 U、V 杀 W、X 杀 Y、Z 杀 R。第二轮：T 杀 V、X 杀 Z、第三轮：T 杀 X。

呱……

13

星期三

答案

是我藏的。

根据题意，小钱和小孙不可能同时说假话，那小钱说小孙在说假话就变成了真的。应用类似的推理方法，不难推出，除了第三种情况外，其余都不成立。因此这个《词典》是小李藏的。

问题

他俩关系

刚入小学一年级的新生中，有两个长得一模一样的男孩。他俩不但出生年月日相同，连父母的姓名也相同。人们问他们说："你们是双胞胎吗？"可是两个孩子出乎意料地回答："不是。"你知道他俩之间的关系吗？

问题

休息日

A、B、C、D、E、F、G七名护士每周都有一天休息，但她们之中没有任何人的休息日是在同一天。已知:A的休息日比C的休息日晚一天；D的休息日比E的休息日的前天晚三天；B的休息日比G的休息日早三天；F的休息日在B和C的休息日的正中间，而且是在星期四。那么你推断一下，每个护士各是星期几休息？

答案

他俩是三胞胎中的两个。

还有我。

答案

休息日从星期一到星期日，依次为:E、B、D、F、G、C、A。

问题

黑白牌

有三块白牌和两块黑牌，把它们分别系在A、B、C、D、E五个人的额头上，每个人只能看见其他四个人的牌是什么颜色。A：我看见两块白牌和两块黑牌。B：我看见三块白牌和一块黑牌。C：我看见两块白牌和两块黑牌。D：我看见三块白牌和一块黑牌。E：我看见两块黑牌和两块白牌。请问，他们各自的牌是什么颜色呢？

问题

天有多大

一天，井底的青蛙对着井口说："天只有一个井大。"请你判断一下，青蛙这句话是否有错？它该怎样说？

> 天只有一个井大。

答案

A、C、E是白牌；B、D是黑牌。因为A说他看见两块白牌和两块黑牌。这证明A额头上的是白牌。依次类推就可以得出结论了。

算我见识浅薄。

答案

青蛙的说法肯定是错误的，它应该说："天的某一个部分有一个井大。"这样才正确。

问题

姻亲

有A、B、C、D、E五个亲戚，其中四个人每人讲了一个真实情况。①B是我父亲的兄弟；②E是我的岳母；③C是我女婿的兄弟；④A是我兄弟的妻子。上面提到的每个人都是这五个人中的一个。请你判断一下，这五个人的关系如何？

问题

两句真话

A、B、C、D、E、F、G按比赛结果的名次排列情况如下：①E得第二名或第三名；②C没有比E高四个名次；③A比B低；④B不比G低二个名次；⑤B不是第一名；⑥D没有比E低三个名次；⑦A不比F高六个名次。上述说明只有两句是真实的，是哪两句？并找出他们各自的名次。

答案

B 和 C 是兄弟；A 是 B 的妻子；E 是 A 的母亲；D 是 C 的子女。

我是他妻子。

答案

我第一！

⑤和⑥是真话。名次依次为 A、C、G、D、B、E、F。

问题

正确说法

如果M高于N和O，N又高于O而低于P，下面哪种说法正确？①M不高于O和P；②O高于N；③P高于O；④O高于P。

> 如果……

> ？

问题

送信

一幢新盖的四层楼房，住有小马、小狗、小猪、小猫、小猴、小鸡、小兔和小鸟。当小鹿第一次到这里来送信时，人家告诉他，小猫住在小狗的楼上，小鸡的楼下，而小鸟住在小猴的楼上。只知道靠右边的半幢里住着小猪、小猴、小兔、小马。和小马住同一层的是小狗，小兔住在小猴的楼上。小鹿怎样才能把信分别送到每个小动物手里呢？

第③种说法正确。

第③种说法正确。

来信了！

左半幢：一层小狗、二层小猫、三层小鸡、四层小鸟。

右半幢：一层小马、二层小猪、三层小猴、四层小兔。

问题

猜年龄

小强问爷爷："爷爷，您今年多少岁了？"爷爷说："我有三个孙子，大孙子25岁，二孙子20岁，最小的孙子有15岁了。再过10年，这三个孙子年龄的和就是我现在的年龄。"你知道爷爷有多大岁数了？

问题

小朋友

A、B、C、D来自英国、法国、德国和日本，除本国语言外，各自还掌握了其他三国语言中的一种，但没有一种语言是四人都会的。①四人中没一个既会日语，同时又会法语；②D是日本小朋友，C不会日语，而他俩却能无困难地交流；③A不会德语，B和D交谈时，A能为他们翻译；④A、B、C不能用同一种语言交谈，然而四人中有三人会用同一种语言。那么他们如何进行交谈？

答案

爷爷有 90 岁了。

咱都 90 岁了。

答案

A 会英语、法语；B 会法语、德语；C 会德语、英语；D 会日语、英语。知道了四人掌握语言的情况，再要知道他们如何进行交谈就很容易了。

问题

谁获名次

李明、曹强和小刚进行了一次田径比赛。约定每项比赛第一、二、三名分别得5、2、1分，累计得分最多者获胜。开始，曹强获得铅球第一名。最后小刚获胜，累计得分为22分，李明和曹强都各得9分。那么，请分析一下谁获得铅球第二名？谁获得第三名？

问题

真理论

一次，在讨论一个问题时，贝贝说："这个意见是真理，我们都赞成这个意见，所以，我们大家都是真理。"贝贝的这一番话引起了大家的哄笑。你知道贝贝这话有什么不对吗？

答案

三个人累计得分分别为22、9、9分。由规定可知每一项得分共5+3+1=9分。由此可知他们一共举行了五个单项比赛。由此可推出获铅球第二名的是小刚，第三名的是李明。

我是第二名。

我是第三名。

答案

"我们是真理"显然是不对的。"我们"和"真理"是不可比较的两个概念，它们二者构成一个判断是不合逻辑的。

问题

一条鱼

乐乐与贝贝看见动物园水池中有一只动物，但他们都不认识那是什么。贝贝说："大概是鱼吧！"乐乐说："不是。""为什么？""老师不是说过吗，海豚不是鱼，这只动物不是海豚，所以它不是鱼。""正因为是海豚，所以它才是鱼嘛！"请你判断一下，乐乐和贝贝谁说得对呢？

问题

交谈

甜甜说："我们班上不少同学是运动员。"佳佳问："那你们班同学学习情况如何？""不少同学都学得很好。""那你们班上有的运动员也一定学习很好喽！""不是。""你这个说法好像不大合逻辑吧？""没有什么不合逻辑的，事实如此嘛！"根据他们的谈话判断，你认为究竟谁的话不合逻辑呢？

答案

从题目来看，我们是无法判断那只浮上水面的水生动物是不是鱼。也就是说，乐乐和贝贝的结论都是不正确的。

> 两人结论都不正确。

答案

从甜甜和佳佳的交谈来看，甜甜的说法没有不合逻辑的地方；而佳佳的说法，倒是不合逻辑的。

问题

谁力气大

有甲、乙、丙、丁四组进行拔河比赛。当甲、乙为一方，丙、丁为另一方时，势均力敌。当甲与丙对调后，丁、甲方战胜了丙、乙一方。乙与甲、丙联队比赛时，结果取胜。请问：四个小组中，哪组力气最大，哪组第二，哪组第三，哪组力气最小？

问题

读书学校

田路、王洲、林娟、朱蓉、贾明和蒋新分别在江滨中学、十五中学和光明中学读书。①在江滨中学与光明中学象棋比赛中，朱蓉得了第一名；②在光明中学举行的晚会上，王洲、蒋新和林娟被邀去该校表演小提琴；③林娟在十五中学读书，现转学同蒋新在一个班；④蒋新与贾明都是某校的"三好"学生；⑤贾明和王洲曾分别代表两个学校去参加诗歌比赛；⑥田路当班长，朱蓉当团支部书记，两人配合得很好。请你推断这六位同学各在哪一所学校读书。

答案

丁组力气最大，乙组第二，甲组第三，丙组最小。

我可立了汗马功劳！

第一名

答案

我在第十五中学读书。

田路和朱蓉在光明中学读书；林娟、蒋新和贾明在江滨中学读书；王洲在第十五中学读书。

问题

自行车

　　小赵、小洪、小余各骑了新买的自行车进城，车的牌子是凤凰牌、永久牌、飞鸽牌。路上遇到了小王，他们就把车子放在一起，同小王闲谈。小王问他们各自买的什么牌子的车，小洪说："你猜猜看。"小王说："小赵买的是凤凰牌，小余肯定不是买的飞鸽牌，小洪买的是凤凰牌。"他这种猜法，只猜对了一个。那么，他们各自买的是什么牌子的车子？

问题

五大洲

　　老师在黑板上画了一幅世界五大洲图形，给每一洲都写上一个代号，他请五个同学每人认出两个大洲来。甲：3号是欧洲，2号是美洲；乙：4号是亚洲，2号是大洋洲；丙：1号是亚洲，5号是非洲；丁：4号是非洲，3号是大洋洲；戊：2号是欧洲，5号是美洲。老师："你们每个人都说对了一半。"请问：每个号码各代表的是哪一个大洲呢？

小洪买的是"凤凰"牌；小赵买的是"飞鸽"牌；小余买的是"永久"牌。

1号是亚洲……

结论是：1号是亚洲，2号是大洋洲，3号是欧洲，4号是非洲，5号是美洲。

问题

轮船码头

下船的旅客正匆匆地走出码头。刚丢失了旅行袋的小马，发现前面那人正提着他的旅行袋，他上前拦住那人责问，那人立即道歉说："对不起，我拿错了。"随即将旅行袋还给小马，头也不回地向外走去。小马突然上去抓住那人说："你是小偷！"你知道小马的依据是什么吗？

问题

来自何地

一次会议中，分别来自西南四省区的四个代表被编在一个组里。他们彼此不知道来自何省，互相猜测：甲认为丁来自四川，乙认为丙来自云南，丙认为甲不可能来自贵州，丁肯定来自西藏。后来他们才发现：来自贵州和四川的两个代表所做的猜测是正确的，而另外两位代表所做的猜测是错误的。那么请你判断一下，这四位代表究竟各来自何省区？

答案

小马很善于逻辑思维。这人既然回答小马的责问时说："我拿错了。"那么就意味着这个人自己也应当还有一只旅行袋。他发觉拿的是别人的旅行袋以后，就应当再去找自己的旅行袋。但是，他却不去找。这说明他并没有自己的旅行袋，因而他不可能是无意地把人家的旅行袋拿错了，那当然就可能是有意盗窃了。

我是故意的。

答案

甲来自云南，乙来自西藏，丙来自四川，丁来自贵州。

我来自云南。

我来自贵州。

问题

哪个大学

方奇、林兰、刘莉分别被华东师大、交通大学、复旦大学录取。他们谁被哪个学校录取，邻居有不同的猜测。甲：方奇考上交通大学，刘莉考上复旦大学；乙：方奇考上复旦大学，林兰考上交通大学；丙：方奇考上华东师大，刘莉考上交通大学。后来，邻居们发现自己的猜测各对了一半。请你判断，他们各人分别考上哪个大学？

问题

真假话

有一天，张三、李四、王五在一起，互相指责别人说谎话。张三指责李四说谎，李四指责王五说谎，王五指责张三和李四说谎。请你从他们的指责中推论，究竟谁说真话，谁说谎话？

答案

方奇考上华东师大，刘莉考上复旦大学，林兰考上交通大学。

我上的是交通大学。

答案

对不起，我在说谎。

李四说真话，张三和王五说谎话。

问题

万能溶液

一个科学家对人说，他发明了一种万能溶液，它可以溶解一切物品。你认为可能吗？

问题

我拿的是菜刀，不可能犯罪。

罪犯

深夜，一幢公寓里同时发生了三起案件。住在四楼的议员被人用枪打死了。住在二楼的收藏家的画被盗了。而一楼则发生了一起强奸案。警察断定这三起案件分别由三个人单独作案。警察逮捕了A、B、C三名嫌犯。A：C是杀人犯；我不是一个十分老实的人；B是强奸犯。B：A是大盗，那天晚上，盗画的就是他；C是强奸犯。C：盗窃不是B做的；A是杀人犯；那天晚上，我的确作过案。请问：他们各犯的是什么罪？

答案

不可能。既然它能把什么物品都能溶解，那么，拿什么东西装它呢？这个想法，犯了逻辑矛盾的错误。

能装这种溶液的容器还没发明出来！

答案

通过推理判断出A和B的口供是矛盾的。C承认自己作过案，即可推定C的口供属实，也就是说C的口供全部是真话。从C的口供中，就可以得知，A是杀人犯。盗窃犯要么是B，要么是C；既然不是B（因C已供认"盗窃案不是B作的"），当然是C。B自然就是强奸犯了。

问题

铁水

老师出题："一炉铁水凝成铁块，它的体积缩小了三十四分之一。后来铁块又熔化成铁水，体积要增加多少？"甲："熔化后的铁水的体积，比铁块增加三十三分之一。"乙："不对。同是一块铁，缩小的是三十四分之一，增加的是三十三分之一，不是相矛盾吗？"请问：甲、乙两人究竟谁是谁非？

问题

额上的黑点

阿佳把打盹的小张、小王、小李三人额头上都涂了一黑点。三人醒来后，相视大笑，但都不知道自己头上有黑点。阿佳对三人说："你们只要看见一人额上有黑点就举手！"三人都举手。阿佳又说："现在谁猜到了自己额上有黑点，就可放下手。"等了一会儿，三人都没放下手。忽然，小张把手放下说："我额上有黑点。"请问，小张是怎么猜到的？

答案

学生甲的说法是对的，乙的说法是错的。缩小三十四分之一，是对于铁水凝成铁块来说的；增加三十三分之一，是相对于铁块熔化为铁水说的。这样，物理老师所做的判断和学生甲所做的判断就不会构成逻辑矛盾。

我是对的。

答案

如果我（小张）额上没有黑点，那么小李和小王都会很容易做出判断，他们都没把手放下，说明我额上有黑点。

问题

大学老师

三位老师分别姓陈、张、黄，其中一位是小学老师，一位是中学老师，一位是大学老师。已知①张老师比大学老师年龄大；②黄老师与中学老师不同龄；③中学老师比陈老师年龄小。请你推断出谁是小学老师，谁是中学老师，谁是大学老师。

问题

谁是儿子

四对父子正在进行围棋对抗赛。一方为父亲组（E、F、G、H），另一方为儿子组（A、B、C、D），但自家父子不进行比赛。对抗形势如下：G——B；A的父亲——B；B的父亲——C；E——F的儿子；F——G的儿子。在父亲棋手中还有一位H。现请你推理出谁是谁的儿子。

答案

陈是小学老师，张是中学老师，黄是大学老师。据①张老师不是大学老师，②黄老师不是中学老师，③陈老师也不是中学老师，得①张老师是中学老师；②陈最大、张第二、黄第三，由此得答案。

我才是大学老师。

答案

A是E的儿子；B是F的儿子；C是G的儿子；D是H的儿子。①G——B；②A的父亲——B；③B的父亲——C；④E——F的儿子；⑤F——G的儿子；⑥H——A。假设A的父亲为E，则由②和④可知F的儿子为B。由③和⑤可知G的儿子为C。剩下的不难推出H的儿子为D，符合题意。如果假设A的父亲为F或H都不成立。

我们才是父与子。

图书在版编目（ＣＩＰ）数据

推理方阵/王维浩编著.--长春:吉林科学技术
出版社,2017.7
（锻炼脑力思维游戏）
ISBN 978-7-5578-1922-4

Ⅰ.①推…Ⅱ.①王…Ⅲ.①智力游戏－少儿读物
Ⅳ.①G898.2

中国版本图书馆CIP数据核字(2017)第052357号

锻炼脑力思维游戏：推理方阵
DUANLIAN NAOLI SIWEI YOUXI: TUILI FANGZHEN

编　　著	王维浩
编　　委	牛东升　李青凤　王宪名　杨　伟　石玉林　樊淑民
	张进彬　谢铭超　王　娟　石艳婷　李　军　张　伟
出 版 人	宛　霞
责任编辑	吕东伦　高千卉
封面设计	长春美印图文设计有限公司
制　　版	雅硕图文工作室
插图设计	刘　俏　杨　丹　李　青　高　杰　高　坤
开　　本	710mm×1000mm　1/16
字　　数	100千字
印　　张	10
版　　次	2017年7月第1版
印　　次	2020年12月第3次印刷

出　　版	吉林科学技术出版社
发　　行	吉林科学技术出版社
地　　址	长春市福祉大路5788号出版集团A座
邮　　编	130118
发行部电话／传真	0431－81629529　81629530　81629531
	81629532　81629533　81629534
储运部电话	0431－86059116
编辑部电话	0431－81629516
印　　刷	永清县晔盛亚胶印有限公司

书　　号	ISBN 978-7-5578-1922-4-02
定　　价	32.00元